瞬　間

Moments

青峰　詩選

A collection of poetry

Un recueil de poésie

Albert Young

目錄
Contents
Table des matières

序
Preface
Préface

序

台灣出生，在法國成長，起先接受台灣的小學，後來接受法國的中學，大學，和美國研究所教育，畢業後在美洲，歐洲，和亞洲的跨國公司服務，目前僑居瑞士的中國詩人青峰，最近把他發表在台灣《秋水詩刊》的中，英，法三種語文的詩篇和近作總計二十首，結集成書，命名《瞬間》出版問世，可以說是世界詩壇的一件喜事，我很高興為他的第一本詩集寫序，因為他是我的長子，而且我們父子都是同時能用中，英，法三種語文寫作的詩人，這的確是很稀罕的。

詩人寫詩，畫家繪畫，音樂家作曲，追求的是真，善，美。青峰說："他想寫出一些雖然簡單，但卻在他生命中留下深深烙印的故事，以及一些迄今為止仍讓他激動且心跳不已的瞬間。"

他強調："我發現要描寫這些情感，其實不需要太精美的字句。相反地，越簡單的話語和簡短的字句，才更能表達和還原我所經歷過的感情。"

他又說："在這個詩集裡，我共挑選出 20 首最新的創作。每一首詩敘述的都是我生命中某一個特殊的瞬間。"

青峰在他的詩創作中用簡潔，直接，透明的手法表現他的意象。他選擇的創作道路，是一條康莊大道。

作曲家撲捉到的美妙音符，畫家速寫的畫面，和詩人追逐的瞬間，都將
是永恆和動人之美。青峰所描繪的瞬間意象："車站"，"父親"，
"飛翔"，"回家"，"這是愛嗎?"，和"路旁小館"都能引發讀者
共鳴。身為青峰的父親，我特別欣賞他的"父親"和"飛翔"，能夠使
我這個年屆八十三歲的耄耋老頭兒讀後感動得流淚！

楊允達博士
世界詩人大會主席
世界藝術文化學院院長

2016 年 3 月 12 日於台灣桃園

Preface

Albert Young was born in Taiwan and grew up in France. After his studies in Taiwan, France and the USA, he then pursued an international career which took him to countries in Europe, the Americas, and Asia. As a Chinese poet who now lives in Switzerland, he has selected 20 of his recent work, some of which appeared in the *Chiu Shui Poetry Quarterly* in Taiwan, into this collection of poems, titled "Moments". I am particularly pleased about this event for the world of poetry and to write this preface, as I am also Albert's proud father. What is indeed uncommon, is that both of us, father and son, we are able to create and write in Chinese, French and English.

What poets, painters and composers pursue, with their work, is what is true, nice and beautiful in life. As Albert says: "[I write] about the simple stories that had a profound impact on my life, and some of those particularly moving moments that, even years after, would still make my heart beat."

He explains: "I found that those emotions did not need sophisticated words to be translated. Quite on the contrary, I felt that simple every day words and short and straightforward sentences can well convey the emotions just the way I lived them."

He adds: "I have selected 20 of my recent work into this collection. Each one of them tells a story about a particular moment in my life."

Albert, in his work, uses a style that is simple, direct and pure. He has chosen a noble way for his creation.

The melodies from the great composers, the landscapes from the great painters and the verses from the great poets all try to translate the emotion from the enduring beauty of moments in life. The "Moments" that Albert has captured with "Bus stop", "Father", "Flying", "Going home", "Is this Love?" or "My little restaurant by the road side" will, I am sure, find echo with each one of us. As an 83-year old father, I am particularly fond of "Father" and "Flying", which keep moving me to tears each time that I read them!

Dr. Maurus Young
President
World Congress of Poets
World Academy of Arts and Culture

Taoyuan, Taiwan, 12 March 2016

Préface

Albert Young est né à Taiwan puis a grandi en France. Après ses études à Taiwan, en France et aux Etats Unis, il a fait une carrière internationale qui l'a emmené dans différents pays en Europe, en Amérique et en Asie. En tant que poète Chinois qui vit maintenant en Suisse, il a sélectionné 20 de ses œuvres récentes, dont certaines ont été publiées par le *Chiu Shui Poetry Quarterly* à Taiwan, pour ce recueil de poèmes, intitulé "Moments". C'est non seulement un heureux événement pour le monde de la poésie et c'est avec un très grand plaisir que j'écris cette préface, car j'ai aussi la fierté d'être le père d'Albert. En plus, fait peu commun, nous nous exprimons dans nos créations, tous les deux, à la fois en chinois, en anglais et en français.

Ce que les poètes, peintres et compositeurs recherchent avec leurs œuvres, c'est de traduire ce qu'il y a de vrai, de bon et de beau dans la vie. Comme Albert le dit, son désir est « d'écrire ces histoires toutes simples mais qui ont fortement marqué ma vie, et d'écrire sur quelques-uns de ces moments particulièrement émouvants qui aujourd'hui encore font battre mon cœur. »

Il explique : « des mots simples de tous les jours et des phrases courtes et directes pouvaient bien exprimer ces émotions telles que je les avais vécues. »

Il ajoute : « J'ai sélectionné 20 de mes poèmes récents pour cette collection. Chacun d'entre eux raconte une histoire sur un moment particulier de ma vie. »

Dans ses œuvres, Albert écrit avec un style simple, direct et pur. C'est une noble voie qu'il a choisie.

Ce que les mélodies des grands compositeurs, les paysages des grands peintres et les versets des grands poètes cherchent tous à traduire, c'est cette émotion de la beauté des moments de la vie. Ces « Moments » qu'Albert a su capter avec « Arrêt de bus », « Papa », « Envol », « Rentrer », « Est-ce l'amour ? », ou « Mon petit resto au bord de la route » vont, je suis sûr, trouver écho chez tous les lecteurs. En tant que père, à un âge avancé de 83 ans, j'aime tout particulièrement « Papa » et « Envol », qui, à chaque fois que je les lis, continuent à me toucher jusqu'aux larmes.

Dr. Maurus Young
Président
Congrès mondial des poètes
Académie mondiale des arts et de la culture

Taoyuan, Taiwan, le 12 mars 2016

前言
Foreword
Avant-propos

前言

我從去年開始就有股寫作的衝動。有一天我去國外出差時，我的妻子 Stella，就像往常一樣，會送我到車站搭乘去機場的火車。這幅我們兩人相偎坐在長椅上，一邊享受片刻的寧靜，一邊等著火車到來的畫面，在整個飛行時間裡，不斷地出現在我腦海。當我一下飛機，在機場去酒店的車上，我迫不及待在小記事本上草草的寫下幾個字句，這就是"這是愛嗎？"的雛形。

這些我累積多年的情感，就像是突然找到了宣洩的缺口，像決堤的河水，滔滔湧出，無法阻擋。我想要寫給我最珍惜的人，跟他們說以前沒勇氣說出口的話。我想寫出一些雖然簡單，但卻在我生命中留下深深烙印的故事，以及一些迄今為止仍讓我激動且心跳不已的瞬間。

我發現要描寫這些情感，其實不需要太精美的字句。相反地，越簡單的話語和簡短的字句，才更能表達和還原我所經歷過的感情。我希望以這樣的方式來形成我個人的風格。

我一直以來都非常喜歡寫作。還記得，當我在臺灣上小學的時候，國文課老師經常將我所寫的文章念給全班同學聽。在法國上初中時，我的一篇描寫自由的文章 "La Liberté" 榮獲了巴黎市政府所頒發的優秀詩篇獎。雖然在此之後，我沒有繼續寫作，而是選擇了理工之路，進入了職業生涯，偕同我的妻子走遍五湖四海。但現在才意識到，這個豐富的人生經歷卻成為我最珍貴的創作靈感。中文，英文和法文都是我的母語，我覺得必須以這三種語言來寫作，因為有時某一個語言會更貼切的傳達出我內心的真實感受。

現在想起來，我雖然繞了一大圈，還是無可避免的跟隨上我父親的輝煌腳步。如果命運沒有將我帶到法國，如果我留在臺灣繼續念書，相信我可能會成為像父親一樣的記者和作家。命運將我再度放回我從一開始就應該在的位置上。我衷心的感謝在一旁默默鼓勵和支持我，讓我重新找回自己的父親。

在這個詩集裡，我共挑選出 20 首最新的創作。每一首詩敘述的都是我生命中某一個特殊的瞬間。希望讀者在閱讀它們時，也能感受到我這些珍貴 "瞬間" 裡所傳遞出的濃烈感情。

2016 年 3 月 9 日，瑞士，優納

Foreword

I suddenly last year strongly felt like writing. Stella, my wife, as she often does, was accompanying me to the train that would take me to the airport for another intercontinental business trip. The image of the two of us, sitting side by side on a bench waiting for the train to come, taking in together this very brief but particularly tranquil moment, kept coming back to me during the whole journey on the plane. Once landed, in the car that took me from the airport to the hotel, I started to put down the words into a small notepad of what would eventually become "Is this Love?".

It was as if a trigger had been pulled, and the so many feelings that I have been keeping to myself for years, suddenly found an outlet, and were just pouring out. I felt the need to write about the things that I wanted to say to the people dearest to me but have never found the courage to do so, about the simple stories that had a profound impact on my life, and some of those particularly moving moments that, even years after, would still make my heart beat.

I found that those emotions did not need sophisticated words to be translated. Quite on the contrary, I felt that simple every day words and short and straightforward sentences can well convey the emotions just the way I lived them and at the same time not steal the stage from them. By doing so, I am trying to forge my own poetic style.

I have always enjoyed writing. I still remember that, back in my primary school days in Taiwan, the teacher of Chinese classes would often read out my writings to the entire classroom. In France, I won a special prize of poetry from the city of Paris when I was in junior high school for a poem I wrote in French and titled "La Liberté". Although I did not further pursue writing since then, as I studied engineering and embarked on a corporate career which took me and my wife to a large number of countries, I realize now that all this life experience has become a fertile source of inspiration which is bringing me back to writing. As Chinese, English and French are, all three of them, my mother tongues, I also find a need to write my work in all three languages, because I would each time find with one or the other, a better way to convey a particular feeling.

In many ways, I am also following my father's illustrious footprints. If life had not taken me to France, and if I had continued my studies in Taiwan, I am very sure, I would have started a career as a journalist and a writer. So life is just reclaiming its rights, as it pushes me back onto the tracks I should have at first taken. I am deeply grateful to my father to be quietly encouraging and supporting me in this journey of self-rediscovery.

I have selected 20 of my recent work into this collection. Each one of them tells a story about a particular moment in my life. I hope that as you read through them, you will be able to feel some of the deep emotions that characterize those special "Moments".

Jona, Switzerland, 9 March 2016

Avant-propos

J'ai soudain eu, l'année dernière, très envie de commencer à écrire. Stella, ma femme, comme elle le fait souvent, m'accompagnait pour aller prendre le train qui allait m'emmener à l'aéroport, d'où je partais pour un autre long voyage d'affaires. Cette image de nous deux, assis côte à côte sur le banc, savourant ensemble ce bref mais particulièrement calme instant avant l'arrivée du train, n'a pas arrêté de tourner dans ma tête durant tout le vol. Une fois arrivé, dans la voiture qui m'emmenait de l'aéroport à l'hôtel, j'ai tout de suite commencé à gribouiller dans un petit calepin les mots de ce qui allait finalement devenir « Est-ce l'amour ? ».

C'était comme si quelque chose s'était déclenché et les sentiments si nombreux que j'avais accumulés en moi au fil des ans, ont soudain trouvé une soupape, et se sont mis à se déverser. J'ai senti le besoin d'écrire à ceux qui me sont les plus chers pour leur dire des choses que j'ai toujours voulu mais pas eu le courage de leur dire, d'écrire ces histoires toutes simples mais qui ont fortement marqué ma vie, et d'écrire sur quelques-uns de ces moments particulièrement émouvants qui aujourd'hui encore font battre mon cœur.

J'ai trouvé qu'il n'y avait pas besoin de mots sophistiqués pour traduire ces émotions. Au contraire, j'ai eu le sentiment que des mots simples de tous les jours et des phrases courtes et directes pouvaient bien exprimer ces émotions telles que je les avais vécues et en même temps ne pas leur voler la vedette. En ce faisant, j'essaye de forger mon propre style poétique.

J'ai toujours aimé écrire. Je me souviens encore que, quand j'étais à l'école primaire à Taiwan, la maîtresse de chinois lisait souvent mes compositions à toute la classe. En France, j'ai gagné un prix spécial de la ville de Paris quand j'étais au collège pour un poème en français et intitulé « La Liberté ». Bien que je n'aie pas continué à écrire, parce que j'ai choisi des études d'ingénieur puis commencé une carrière professionnelle qui nous a emmenés, ma femme et moi, dans de nombreux pays, je réalise maintenant que toute cette vie riche en expériences est devenue une source fertile d'inspiration qui me ramène vers l'écriture. Comme le chinois, l'anglais et le français sont, tous les trois, des langues maternelles pour moi, je ressens aussi le besoin d'écrire dans les trois langues, car j'ai toujours, soit avec l'une ou avec l'autre, la possibilité de mieux traduire un sentiment particulier.

Aussi, à bien des égards, je ne fais que de suivre les traces illustres de mon père. Si la vie ne m'avait pas emmené en France, et si j'avais continué mes études à Taiwan, je suis bien certain que j'aurais commencé une carrière de journaliste et d'écrivain. Ainsi la vie ne fait que de reprendre ses droits en me remettant sur ce chemin que j'aurais dû emprunter au tout premier abord. J'ai une gratitude très profonde pour mon père qui m'a discrètement donné tous ses encouragements et son soutien dans ce voyage de redécouverte de moi-même.

J'ai sélectionné 20 de mes poèmes récents pour cette collection. Chacun d'entre eux raconte une histoire sur un moment particulier de ma vie. J'espère qu'en les lisant, vous pourrez ressentir cette émotion profonde qui caractérise ces « Moments » qui me sont si chers.

Jona, Suisse, le 9 mars 2016

父親
Father
Papa

父親

你獨自坐在桌前
深夜裡
沈浸在你的世界
寫著故事，寫出生命

你能看見我嗎？
飢渴的望著
期待有一天
我也能像你一樣

你抓住我的手
我們拉起釣竿
看呀，一條活蹦亂跳的魚
我高興的尖叫

你感覺得到嗎？
我心跳有多快
因為你讓我成為
那天的小英雄

我的臉上掛著淚水
不願與姥姥分開
你把我抱在懷裡
告訴我，男兒是可以流淚的

還記得我的悲傷嗎？
你輕輕將它拭去
讓我知道
明天又將是新的一天

現在我經歷了人生
也到過很多地方
但為何就找不到
當年的快樂呢？

親愛的父親

現在我獨自坐在桌前
寫下這些故事
希望能再回到
那些簡樸的日子裡

2015 年 4 月 1 日，瑞士，優納

Father

You are alone at your desk
Late into the night
Lost in your world
Writing stories, writing about life

Can you see me sitting there
Hungrily watching
Wishing that one day
I can also write the way you do?

You hold my hand
We raise up the rod
Look, a catch is wiggling
I cry out of joy!

Do you feel my heart
How fast it is beating
Because you have made me
The hero of the day?

I have tears on my face
I miss grandma I have left
You took me into your lap
And said it is OK to be sad

Do you remember my sorrow
That you gently took away
By letting me know
Tomorrow is another day?

I have now lived my life
I have now gone to places
But why does nothing compare
To those simple things?

Dear Father

I am sitting at my desk
Writing all these stories
Wishing to go back
To those simple days

Jona, Switzerland, 1 April 2015

Papa

Tu es tout seul devant ton bureau
Tard dans la nuit
Plongé dans ton monde
A écrire des histoires, à écrire sur la vie

Est-ce que tu me vois
Assis là, à t'observer avec envie
Espérant qu'un jour
Je puisse aussi écrire comme toi ?

Tu me tiens par la main
Nous soulevons la canne
Regarde, un poisson qui frétille
Je crie de joie !

Est-ce que tu sens mon cœur
Il bat si fort
Parce que tu as fait de moi
Le héros du jour ?

Je suis plein de larmes
Grand-mère me manque tellement
Tu m'as pris dans tes bras
Et m'as dit que c'est bon de pleurer

Est-ce que tu te souviens de ma peine
Que tu as doucement consolée
Car tu m'as fait savoir
Que demain est un autre jour ?

J'ai maintenant vécu ma vie
J'ai à présent parcouru le monde
Mais pourquoi rien ne peut égaler
Ces choses toutes simples ?

Cher papa

Je suis devant mon bureau
A écrire ces histoires
En espérant qu'elles me ramènent
A ces jours si simples

Jona, Suisse, le 1er avril 2015

黃色小毛巾
A small yellow towel
Un petit bout de chiffon jaune

黃色小毛巾

我小時候經常拿著它
靠在我左臉上
它是那麼柔軟和溫暖

它是我最親密的朋友
我向它傾訴我的悲傷
它收藏著我的夢想和淚水

它從不說一句話
但當我需要它時
它會默默的陪伴著我

白天時
我會輕輕的將它折起
放回枕頭底下

到夜晚時
我會再將它取出
讓它伴我安詳入睡

但是隨著時間的流逝
在我不知不覺中
它逐漸的老去

有一天它變成了碎片
媽媽想給我換一條
但我傷心欲絕，堅決不肯

相反的
我小心翼翼的將它放在床邊抽屜裡
讓它好好休息

27

這麼多年過去
雖然它已不見了
但我知道

它仍收藏著我所有的夢想
在我身旁抽屜裡
默默的陪伴著我

2016 年 3 月 12 日，瑞士，優納

A small yellow towel

I used to hold it against me
On the left side of my face
It was so warm and soft

It was my best confidant
I told it my sorrows
It held my dreams and my tears

It never said a word
Was always there when I needed it
And just quietly kept me company

During the day
I gently folded it
And put it back under my pillow

During the night
I took it out
And it put me to sleep

But over time
Without me noticing it
It slowly wore out

One day it started to fall into pieces
Mom wanted to replace it
Inconsolable, I stubbornly refused

Instead
I carefully placed it in a drawer next to my bed
For it to rest

Moments   瞬間

After all those years
Although I do not have it anymore
I know it will always be there for me

Somewhere in a drawer next to me
With all my dreams in it

Jona, Switzerland, 12 March 2016

Un petit bout de chiffon jaune

Je l'avais souvent avec moi
Le tenais contre ma joue
C'était si bon et si doux

Il était mon meilleur confident
Je lui racontais mes chagrins
Il gardait mes rêves et mes larmes

Il ne disait jamais mot
Mais était toujours là quand j'avais besoin de lui
Et sans faire de bruit me tenait compagnie

Dans la journée
Soigneusement je le pliais
Pour le remettre sous mon oreiller

Quand il faisait nuit
Je le sortais
Et il me berçait dans mon sommeil

Mais avec le temps
Sans que je ne m'en aperçoive
Lentement il s'effilochait

Un jour, il se mit à tomber en lambeaux
Maman voulait le remplacer
Inconsolable, je refusais obstinément

Au lieu de cela
Je le mis doucement dans un tiroir à côté du lit
Pour qu'il puisse se reposer

Après toutes ces années
Bien que je ne l'aie plus avec moi
Je sais qu'il sera toujours là

Quelque part dans un tiroir à côté de moi
Et avec lui
Tous mes rêves d'enfance

Jona, Suisse, le 12 mars 2016

魑魅舞影
Dancing shadows
Les ombres qui dansent

魑魅舞影

每晚熄燈後
當年幼的我
獨自躺在床上時
就開始聽到

從房間小窗傳來
遠處圍繞火堆跳舞部落的
陣陣鼓聲

每天晚上，鬼影都來
無論我如何抵抗
它們仍偷偷的溜進我房間

它們在牆上張牙舞爪
攀上天花板
像夢魘一樣
佔據了整個房間

它們時快時慢匍匐前進
時而跳躍，時而飛翔
它們獰笑，咆哮，嚎啕

這到底是戰爭還是狂歡？
它們從折磨和恐懼中獲得喜悅
它們從黑暗和死亡中得到滿足

******

然後有一天，親愛的弟弟你到來了
爸媽將躺在搖籃中的嬰兒
放進了我的房間

有你陪在我身旁
你的微笑，你的呼吸，你熟睡的樣子
都帶給我無比的安寧

親愛的小天使
有你在看護著我
我不再感到恐懼

每天晚上，我們一起對抗
無論它們如何頑強
我們齊心協力將它們趕走

就如同光明戰勝了黑暗
和生命戰勝了死亡
而我們
戰勝了魑魅舞影

2015 年 5 月 24 日，瑞士，優納

Dancing shadows

Every night, when lights were off
Alone in my bed
I started to hear them

Voices from afar, drum rhythms
Tribal dances around a fire
Coming through a small window

Every night, the shadows came
No matter how hard I fought
Surreptitiously, they sneaked in

They danced on the wall
They moved onto the ceiling
Then conquered the whole room

At times slow, suddenly fast
They crawled, sprung and flew
They laughed, roared, and cried

Was it combat or was it Sabbath?
They rejoiced in torture and in terror
They fed on darkness and on death

******

Then, little brother, you came
Tiny baby in your small cradle
That Mom and Dad brought into my room

With you next to me
Smiling, breathing, sleeping
I was at peace

Little angel
You watched over me
I feared no more

Every night, we resisted
No matter how hard they fought
Together, we kept them at bay

Just as light triumphs over darkness
And life triumphs over death
We triumphed over the dancing shadows

Jona, Switzerland, 24 May 2015

Les ombres qui dansent

Toutes les nuits, lorsque les lumières sont éteintes
Quand j'étais tout seul dans mon lit
Je commençais à les entendre

Des voix lointaines, des rythmes de tambour
Des danses tribales autour d'un feu
Qui se faufilaient à travers la petite lucarne

Toutes les nuits, ces ombres revenaient
Je résistais de toutes mes forces
Sournoisement, elles parvenaient à rentrer

Elles dansaient sur le mur
Elles montaient au plafond
Et bientôt occupaient toute la chambre

Parfois lentement, soudain à toute vitesse
Elles rampaient, surgissaient et s'envolaient
Elles riaient, rugissaient et hurlaient

Etait-ce un combat ou était-ce le Sabbat ?
Elles jouissaient de la torture et de la terreur
Elles se nourrissaient de l'obscurité et de la mort

******

Et puis, petit frère, tu es arrivé
Tout petit bébé dans ton berceau
Que papa et maman ont placé dans ma chambre

Avec toi à mes côtés
Avec ton sourire, ta respiration, ton sommeil
J'étais en paix

Petit ange
Tu veillais sur moi
Je n'avais plus peur

Toutes les nuits, nous résistions
Même si elles se battaient de toutes leurs forces
Ensemble nous leur tenions tête

Tout comme la lumière triomphe sur l'obscurité
Et la vie sur la mort
Nous avons triomphé sur ces ombres qui dansaient

Jona, Suisse, le 24 mai 2015

飛翔
Flying
Envol

飛翔

機艙門剛剛關閉
過一會飛機就要起飛
乘客們已將安全帶繫上

這是第一次
我獨自一人
搭機離家

飛去實現我的夢想
到那美麗的校園
學習我的所愛

備考的艱辛歲月已遠去
現在我飄浮在雲端
心情如此輕鬆

但突然
我淚流滿面
濃濃憂傷籠罩著我

媽媽一句話也沒說
只是幫我整理行裝
然後默默的向我道別

但她心裡知道
現在我將
真正的離家而去

機艙窗外雲層下
她獨自一人
我能看到她暗自啜泣
我能聽見她靜靜祈禱

41

"飛吧，孩子，飛吧
飛向你的命運
飛吧，孩子，飛吧
飛向你的榮耀"

親愛的媽媽
不要為我擔心
我會是你的驕傲

我在飛翔

2015 年 9 月 5 日，瑞士，優納

Flying

The cabin door has just closed
In a moment the plane will take off
The passengers are buckling up

For the first time
I will be flying away from home
All on my own

I am flying to realize my dream
To this beautiful campus
To study what I like

Months of work seem so far
I am now floating on clouds
My heart feels so light

Yet suddenly
Tears are covering my face
I am overwhelmed by sorrow

Mom did not say anything
She just helped me pack my bags
And quietly wished me goodbye

Deep in her heart
She knew I am now gone
Leaving home for good

From the window of my seat
Down there on her own
I can see her secretly cry
I can hear her silently pray

"Fly, my boy, fly
Fly to your destiny
Fly, my boy, fly
Fly to your glory"

Dear Mom
Do not worry for me
I will make you proud

I am flying

Jona, Switzerland, 5 September 2015

Envol

Les portes de la cabine viennent de se fermer
Dans un instant l'avion va décoller
Les passagers attachent leurs ceintures

Pour la première fois
Je m'envole loin de chez moi
Tout seul

Je m'envole pour réaliser mon rêve
Pour aller sur ce beau campus
Etudier ce que j'aime le plus

Ces mois de labeur semblent bien loin
Je suis sur un petit nuage
Mon cœur se sent si léger

Mais soudain
Mon visage se couvre de larmes
Je suis envahi par une tristesse irrésistible

Maman n'a rien dit
Elle m'a simplement aidé à faire ma valise
Et, sans un mot, m'a souhaité bon vent

Au plus profond d'elle-même
Elle sait que je suis parti
Cette fois-ci, pour de bon

Depuis le hublot de mon siège
Là, en bas, toute seule
Je la vois pleurer en secret
Je l'entends prier en silence

"Envole-toi, mon garçon, envole-toi
Va vers ton destin
Envole-toi, mon garçon, envole-toi
Va vers ta gloire"

Chère maman
Ne t'inquiète pas pour moi
Tu seras fière de moi

J'ai pris mon envol

Jona, Suisse, le 5 septembre 2015

車站
Bus stop
Arrêt de bus

車站

我們說好要碰面
我來到了車站

只有我們兩個人
周圍的整個世界
驟然停止轉動

我們交談, 卻不必開口
盈眶滿目的淚水, 說出了一切
只感受到痛苦
因為命運將我們分離

看著我時, 我感到笨拙
看著你時, 我感到歉疚

有沒有握住你的手
我記不得了

有沒有擁抱你
可能一點點

對不起, 讓你離去
對不起, 讓你失望

******

我再度來到了車站
尋覓你的身影
試著找回從前的我們
卻突然發現

在我們周圍
世界從未停止轉動

2015 年 3 月 23 日, 印度, 新德里

Bus stop

We said we would meet
And I came to this bus stop

There were just the two of us
And the whole world around us
Just came to a stop

We said words, but we did not have to
For tears in our eyes meant it all
We just felt the pain
Of life taking us apart

I felt so clumsy when I looked at me
I felt so sorry when I looked at you

Did I hold your hand?
I do not remember

Did I hug you?
Maybe just a little

Sorry I let you go
Sorry I let you down

******

Here I am again at the bus stop
Looking for you
Looking to find back the two of us

Just to realize that around us
The world did never stop

New Delhi, India, 23 March 2015

Arrêt de bus

Comme on s'était dit
J'étais venu à cet arrêt de bus

Il n'y avait que nous deux
Et le monde autour de nous
S'était soudain arrêté

On murmurait des paroles
Mais ce n'était pas la peine
Car les larmes dans nos yeux
Disaient déjà tout

On avait juste mal
Car la vie allait nous séparer

Je me sentais si maladroit quand je me voyais
J'étais si désolé quand je te regardais

Est-ce que je t'ai tenue par la main ?
Je ne m'en souviens plus

Est-ce que je t'ai embrassée ?
Peut-être juste un peu

Pardonne-moi, je t'ai laissée partir
Pardonne-moi, je t'ai laissée tomber

******

Me voilà de nouveau à cet arrêt de bus
Je suis venu à ta recherche
Je cherche à nous retrouver

Mais c'est seulement pour me rendre compte
Que le monde autour de nous
Ne s'est jamais arrêté

New Delhi, Inde, le 23 mars 2015

路旁小館

My little restaurant by the roadside
Mon petit resto au bord de la route

路旁小館

隆隆的機器要來將你推倒
等會兒你將只剩一堆瓦礫
再也聽不到客人喧嘩笑語
再也聽不到杯盤碰撞聲

再會吧我的路旁小館

門口菜單燈箱依然亮著
雖然我們不是每次都進去
但它似乎讓我們嘗到了佳餚的味道

你裝潢並不豪華
僅有幾張桌子
你菜色花樣不多
但卻簡單可口

當冬天來臨時
餐廳溫暖舒適光線
透過窗戶照射出來
令人不得不進到裡面

當夏天到來時
花架下習習涼風
令坐在下面用餐的人
愜意地不想離去

從前爸媽經常帶我們來
你看著我們長大
當我們帶著孩子來時
他們把你當成了自己的家

今天在菜單燈箱內
只有一張手寫小紙條
被風吹雨打殘破不堪
向曾經認識你的人們說再見

再會吧我的路旁小館

也許你會變成一座五星級酒店
亦或被改建為一家米其林餐廳
但在我心中你永遠是

我的路旁小館

2015 年 5 月 11 日，瑞士，優納

My little restaurant by the roadside

They have come to tear you down
In a short while you will be just rubbles
No more laughter and no more chatter
No more clinking of glasses and plates

Goodbye my little restaurant by the roadside

You still have your small light box
Where we used to read the daily menu
And even if we did not always get in
It gave us a little taste of the feast

You offered no luxury
But just a few tables
You served nothing fancy
But just plain good food

When winter was there
You had this cozy warmth
It came through your windows
So inviting, that we had to come in

When summer was back
You had this cool breeze
It caressed your terrace
So blissful, that we did not want to leave

Mom and Dad brought us here
You have seen us grow
When we took our kids here
You have been home to them

Today in the small light box
There is only a brief hand written note
Half torn apart by the wind and the rain
To bid farewell to those who have known you

Goodbye my little restaurant by the roadside

Maybe they will rebuild you into a five-star hotel
Maybe they will convert you into a Michelin restaurant
But for me you will always remain

My little restaurant by the roadside

Jona, Switzerland, 11 May 2015

Mon petit resto au bord de la route

Ils sont venus pour te démolir
Dans un instant tu ne seras plus qu'un tas de gravats
On n'entendra plus les rires ni les éclats de voix
Finis les bruits des assiettes et des verres

Adieu mon petit resto au bord de la route

Tu as toujours cette petite vitrine
Où l'on lisait le menu du jour
Et même si l'on n'entrait pas toujours
Il nous donnait déjà un avant-goût du festin

Tu n'avais rien de luxueux
Juste quelques tables
Tu ne servais pas de la haute gastronomie
Juste de bons petits plats

Quand l'hiver arrivait
Tu rayonnais de chaleur
Si irrésistible, à travers tes fenêtres
Que l'on avait hâte d'entrer

Quand l'été revenait
Cette brise de ta terrasse
Si doucement nous berçait
Que l'on oubliait de partir

Papa et maman nous amenaient
Tu nous voyais grandir
Et quand nous venions avec nos enfants
Ils étaient aussi chez eux

Aujourd'hui dans cette petite vitrine
Il n'y a plus qu'une note écrite à la main
A moitié déchirée par le vent et par la pluie
Pour dire au revoir à ceux qui t'ont connu

Adieu mon petit resto au bord de la route

Peut-être qu'ils feront de toi un hôtel cinq étoiles
Ou peut-être un restaurant du guide Michelin
Mais pour moi tu resteras toujours

Mon petit resto au bord de la route

Jona, Suisse, le 11 mai 2015

家
Home
Un chez soi

家

他出現在我們花園裡
一個不速之客
蓬鬆雜亂毛髮裡
摻雜著泥土和乾草

他偷偷的隱身樹叢下
只為尋求一個
可以休息和養傷的避風港

當我們看到他時
他迅速站了起來
為自己的闖入而感到羞愧

我們出門散步時
他故作大方的跟隨著我們
就像是我們一家人

最初他小心翼翼尾隨著
但逐漸大膽自信起來
就連走路步伐都變得輕快許多

當其他狗向我們狂吠時
他像是保鏢一樣
捍衛著我們

然後，當我們回到家時
他又回到了他躲藏的地方
等待我們對他命運做最後判決

他用哀求的眼神看著我們
裡面充滿悲傷和孤單
渴望被愛和照顧

他的出現
讓我們瞭解到
就像所有人一樣

他唯一所求的
只是一個家

一個甜蜜溫暖的家

2015 年 9 月 27 日，瑞士，優納

Home

There he was in our garden
Uninvited guest with his disheveled hair
Grass and dirt peppered all over

He tried to make himself unnoticed
Looking for a shelter to rest
Silently healing his wounds

When we saw him
He quickly stood up
Ashamed and sorry to intrude

When we went out for a walk
He naturally followed us
Just like one of the family

He kept behind at a distance
But slowly gained assurance
With a fine and light trot

When other dogs barked at us
He barked back to protect us
As if he was ours

Then when we came back
He quietly returned to his place
Waiting for us to decide his fate

His begging eyes looked at us
Full of misery and loneliness
Craving for care and love

There he was in our garden
He made us understand
That like all of us

All he needed
Was just a home

Home sweet home

Jona, Switzerland, 27 September 2015

Un chez soi

Il était là dans notre jardin
Un intrus avec ses cheveux en bataille
Tout couvert de brindilles et de boue

Il essayait de passer inaperçu
Cherchait un abri pour se reposer
Et soigner ses plaies en cachette

Quand nous l'avons vu
Il s'est mis tout de suite debout
L'air honteux et désolé de nous déranger

Quand nous sommes sortis pour nous promener
Il nous a naturellement suivis
Comme s'il faisait partie de la famille

Il gardait d'abord une distance
Puis gagnait en assurance
Et finissait par trotter avec une belle allure

Quand les autres chiens aboyaient sur nous
Il nous protégeait et le leur rendait bien
Comme s'il était le nôtre

Quand nous sommes revenus
Il s'est remis discrètement à sa place
Pour attendre que nous décidions de son sort

Il nous suppliait de ses yeux
Pleins de misère et de solitude
Assoiffés de compagnie et d'amour

Il était là dans notre jardin
Pour nous faire comprendre
Que tout comme nous

Tout ce dont il avait besoin
C'était juste un chez soi

Un bon petit chez soi

Jona, Suisse, le 27 septembre 2015

窗
The window
La fenêtre

窗

我們所搭乘的小巴
穿越人群和牲畜
緩緩行駛在小村落
崎嶇不平的道路上

巴士的窗外
滿眼盡是髒亂
衣衫襤褸的人們
堆積如山的垃圾

饑餓嬰兒大聲哭泣
孩童在廢墟堆裡爭相搶奪
他們父母沿街行乞

上天難道將這裡遺忘了？

突然跑來一個男童
拼命敲打我的窗戶
當我望著他時
我看到這雙眼睛

仍顯稚氣
卻已流不出淚水
如此純潔
早已看盡邪惡醜陋

睜大的雙眼裡
充滿絕望
盡是痛苦
似乎在高聲吶喊著

"求求你，打開車窗
帶我走吧
求求你，打開車窗
讓我進入你的世界"

我們雖僅一窗之隔
卻分處截然不同世界
窗內，是勝利和生命
窗外，是失敗和死亡

小巴繼續前行
將男童遠遠拋在後面
這個可望不可及的世界
又一次走遠了

現在每當
我望著窗外
仍會看到那雙
令人無法忘懷的眼睛

它們不斷地提醒我
我是如此幸運

能身處窗內的世界

2015 年 9 月 18 日，德國，法蘭克福

The window

We were in this bus
Passing by the village
Slowly finding our way
Through crowds and herds

Outside the bus
The world was in chaos
People in tatters
And dirt in piles

Babies crying out of hunger
Children fighting over garbage
Parents begging for food

Has God forsaken this place?

Then came a young boy
Knocking at my window
When I looked at him
I saw these eyes

They were so young
But had no more tears
They were so pure
But had seen so much evil

Those big and intent eyes
Full of despair
Replete with suffering
And as if hopelessly shouting

"Please, open this window
Take me with you
Please, open this window
Let me into your world"

There was just a window between us
Yet we were worlds apart
Inside, people win and live
Outside, you lose and die

The bus moved on
And the boy was left behind
Again this unreachable world
Had gone away

Now every time
I look outside the window
I see those eyes
Those unforgettable eyes

Who keep telling me
How lucky I am

To be inside the window

Frankfurt, Germany, 18 September 2015

La fenêtre

Nous étions dans ce bus
Qui passait par le village
Et qui cherchait lentement à se frayer un chemin
A travers la foule et les animaux

A l'extérieur du bus
Le monde était dans le chaos
Des gens en guenilles
Et des tas d'immondices

Des bébés qui pleuraient de faim
Des enfants qui se battaient pour des ordures
Les parents qui mendiaient à manger

Est-ce que Dieu les avait laissés tomber ?

Alors s'est approché un petit garçon
Il s'est mis à frapper à ma fenêtre
Quand je l'ai regardé
J'ai vu ces yeux

Ils étaient si jeunes
Mais n'avaient plus de larmes
Ils étaient si purs
Mais ont déjà vu tant de mal

Ces yeux si grands et si insistants
Emplis de désespoir
Et de souffrance
Et qui semblaient crier éperdument

"S'il vous plaît, ouvrez cette fenêtre
Prenez-moi avec vous
S'il vous plaît, ouvrez cette fenêtre
Laissez-moi entrer"

Seule une fenêtre nous séparait
Mais nous étions dans deux mondes à part
A l'intérieur, les gens gagnent et vivent
A l'extérieur, vous perdez et vous mourrez

Le bus continuait à avancer
Et laissait le petit garçon derrière
Encore une fois ce monde inaccessible
Est parti au loin

Maintenant à chaque fois
Que je regarde par la fenêtre
Je vois ces yeux
Ces yeux inoubliables

Qui me rappellent
Combien j'ai de la chance

D'être à l'intérieur de la fenêtre

Francfort, Allemagne, le 18 septembre 2015

懷念
In memory
En ta mémoire

懷念

我拿出相片簿
看著你的照片
見到了，你的笑容
略帶羞澀，如此純潔

我打開電子信箱
閱讀你的郵件
聽到了，你的話語
有點脆弱，卻很溫柔

我用盡所有力量，想把你拉回
但你透過我指縫慢慢溜走
我用盡所有的愛，想把你緊緊抱住
而你卻從我懷裡漸漸消失

我不願，我不願讓你走
不想他們將你裝入這盒裡
我還要不斷，不斷的親吻你！

******

我來到你安息的地方
喜歡我帶給你的花兒嗎？
它們是你曾精心栽培的
我用你的愛灌溉它們
那份熾熱的愛
我要將它傳遞下去

我懷念你

2015 年 3 月 30 日，瑞士，優納

In memory

I take out the album
I look at your pictures
Here you are, with your smile
A bit shy, so pure

I open my inbox
I read through your e-mail
Here you are, with your words
A bit frail, so kind

With all my strength, I wanted to pull you back
But you just slipped through my fingers
With all my love, I wanted to hold onto you
But you just kept fading away

No, no, I do not want to let you go
I do not want them to put you into this box
I want to kiss you again and again!

******

I have come to where you rest
Do you like the flowers I am bringing you?
They are from the ones you have started to grow
I water them with your love
The love you have given onto us
And that I want now to pass on

In your memory

Jona, Switzerland, 30 March 2015

En ta mémoire

Je sors l'album
Je regarde tes photos
Tu es là, avec ton sourire
Un peu timide, si pure

J'ouvre ma boîte mail
Je parcours tes messages
Tu es là, avec tes mots
Un peu fragile, si douce

De toutes mes forces, je voulais te retenir
Mais lentement tu as filé entre mes doigts
Avec tout mon amour, je voulais m'accrocher à toi
Mais tout doucement tu t'es envolée

Non, non, je ne veux pas que tu t'en ailles
Je ne veux pas qu'ils t'enferment dans cette boîte
Je veux t'embrasser encore et encore !

******

Je suis venu là où tu te reposes
Est-ce-que ces fleurs te plaisent ?
Elles sont de celles que tu as plantées
Je les arrose avec ton amour
L'amour que tu nous as donné
Et que je veux maintenant faire rayonner

En ta mémoire

Jona, Suisse, le 30 mars 2015

這是愛嗎？
Is this Love?
Est-ce l'amour ?

這是愛嗎？

緊擁你在我懷裡
相偎坐在長椅上
等待即將進站的火車

感覺時間已靜止
只有涼風輕拂我們臉龐
而太陽逐漸的隱去

為什麼感覺那麼真實？
為什麼感覺那麼充實？

火車緩緩進站
而我必須吻別
提起行李步入車中

我無法看著你離去
怕從此失去你
讓我把你的身影
永存心中

這是愛嗎？

每一次短暫的離別
竟是如此撕心裂肺
每一個離開的步伐
都將把我帶回

即使身處世界的彼端
我仍感覺到你就在我身邊
緊擁我在你懷裡

這就是愛

2015 年 3 月 9 日，巴西，聖保羅

Is this Love?

I hold you tightly against me
By your side on a bench
Waiting for the train to come

Time is standing still
A breeze cools over our faces
And the sun gently sets down

Why does this feel so true?
Why does this feel so full?

The train has arrived
I have to kiss you goodbye
I pick up my bag
And step into the car

I cannot look at you
Afraid of losing you
Because I want to keep you
Forever inside me

Is this Love?

When every small goodbye
Is a big heartbreak

When every step away
Is bringing me back again

When even on the other side of the world
I can feel you
Holding me tightly against you

This must be Love

Sao Paulo, Brazil, 9 March 2015

Est-ce l'amour ?

Je te tiens bien serrée contre moi
Assis à côté de toi sur un banc
Pour attendre l'arrivée du train

Une brise nous berce
Le soleil disparaît doucement à l'horizon
Le temps s'est arrêté

Pourquoi tout cela est-il si vrai ?
Pourquoi tout cela est-il si fort ?

Le train entre en gare
Je dois t'embrasser et te quitter
Je prends mon sac
Et monte dans la voiture

Je ne peux pas te regarder
De peur de te perdre
Car je veux te garder
Pour toujours en moi

Est-ce l'amour ?

Quand chaque petit au revoir
Est un grand déchirement

Quand chaque pas qui s'en va
Me ramène vers toi

Quand même à l'autre bout du monde
Je peux sentir que tu me tiens
Bien serré contre toi

C'est ça l'amour

Sao Paulo, Brésil, le 9 mars 2015

想著你
Thinking of you
Je pense à toi

想著你

飛機降落了
另一個城市
另一個國家
在燈火的遠處
是黑暗和未知

空氣味道
包裹著我
既香甜又誘人
滲入我體內

我想著你
你在哪裡？

汽車緩緩移動
劃破了黑暗
經過的臉龐
都無視於我

房間裡播放的音樂
不停地重複
把我帶走
不知去何處

世界在沉睡
而我卻醒著

我想著你

印度新德里, 2015 年 3 月 23 日

Thinking of you

The plane has landed
Another city, another country
Beyond the lights
Darkness and unknown

I take up this smell
It is all around me
Sweet and inviting
It soaks into me

I think of you
Where are you?

The car is moving
Cutting its way into the night
Faces pass by
They all ignore me

The music plays in the room
It loops again and again
And takes me away
Into nowhere

The world is asleep
Yet I am awake

I think of you

New Delhi, India, 23 March 2015

Je pense à toi

L'avion vient d'atterrir
Une autre ville, un autre pays
Au-delà des lumières
L'obscurité, l'inconnu

Je sens ce parfum
Tout autour de moi
Si doux et captivant
Il m'enivre tout entier

Je pense à toi
Où es-tu ?

La voiture avance
Et s'enfonce dans la nuit
Des visages défilent
Mais tous m'ignorent

La musique dans la chambre
Boucle encore et encore
Elle m'emmène ailleurs
Je ne sais où

Le monde est endormi
Mais je n'ai pas sommeil

Je pense à toi

New Delhi, Inde, le 23 mars 2015

字句
Words
Les mots

字句

這些字句
匆匆記錄在小筆記本上

從筆尖流淌出來
卻來自我心靈深處

旋轉和飛舞的字句
有生，有死
狂歡，哭泣

每一個
都是我的一部分

他們齊聲著
想要吶喊
喊出你的名字

他們是字句

發自我內心
愛的字句

2015 年 3 月 23 日，印度，新德里

Words

They are the words
Quickly jotted on a small notepad

They flow from my pen
But they come from deep inside me

Words swirl and fly
They live and they die
They feast and they cry

Each one of them
Is a piece of me

And in a big unison
They want to shout
Shout out your name

They are the words

The words from my heart
The words of love

New Delhi, India, 23 March 2015

Les mots

Ce sont les mots
Ecrits à la va-vite sur un calepin

Ils coulent de mon stylo
Mais ils viennent du fond de mon âme

Les mots virevoltent et s'envolent
Ils vivent et ils meurent
Ils rient et ils pleurent

Chacun d'entre eux
Est un morceau de moi

Dans un grand unisson
Ils veulent crier
Crier ton nom

Ce sont les mots

Let mots de mon cœur
Les mots d'amour

New Delhi, Inde, le 23 mars 2015

赴約
My date
Mon rendez-vous

赴約

我必須得快點
不能浪費時間

寒冷的冬天過去了
大地開始蘇醒

我找到登山鞋
取出手杖
趕緊奔赴那重要的約會

踏上旅程
我爬呀，爬呀
疲憊不堪的身軀要求我休息

含苞的花朵已經綻放
蜜蜂也已開始忙碌
而我怎能偷懶？

路旁一群孩童
在歡樂的玩耍
而我卻沒時間停留下來

一隻小鳥像是怕我迷路
在前面為我導航
從一個枝頭跳上另一個枝頭

我必須得快點
不能浪費時間
我正趕赴那重要的約會

我終於到達山頂
從這裡我可以眺望到遠方
巍峨矗立的女神

像一個安詳的貴婦
披著一身潔白的斗篷
金色的陽光灑在湖面
為她腳下鋪滿炫目的美鑽

這就是我的約會

她既沒有名牌皮包
也沒有昂貴跑車

但她擁有
能充滿我幾輩子的
心靈財富

2015 年 4 月 26 日，瑞士，優納

My date

I need to hurry
I have no time to lose

The world is just awake
From months of cold

I look for my trekking shoes
I retrieve my walking sticks
I rush for my important date

I start on my journey
I climb and I climb
My body asking for a break

Flowers have started to bloom
Bees are already busy
How can I be lazy?

I pass children who have come to play
So much joy is in the air
But no time for me to stay

A bird wants to lead the way
Hopping from branch to branch
So that I do not go astray

I need to hurry
I have no time to lose
I am on my way for my important date

At last I reach the top
From where I get to see
The faraway breathtaking lady

There she is
Serein, majestic
Covered with her white fur

There she stands
With trillions of diamonds
Splashed by the sun on the lake at her feet

This is my date

She has no Gucci
She has no Lamborghini

But she has riches
That can fill me
For many a lifetime

Jona, Switzerland, 26 April 2015

Mon rendez-vous

Je dois me dépêcher
Je n'ai pas de temps à perdre

Le monde vient de se réveiller
De son long sommeil d'hiver

Je cherche mes chaussures de marche
Je retrouve mes bâtons de randonnée
Vite, vite, je pars pour mon grand rendez-vous

Je commence mon voyage
Je grimpe et j'escalade
Mon corps n'en peut plus

Les fleurs sont déjà épanouies
Les abeilles sont à l'ouvrage
Comment pourrais-je être en reste ?

Je croise des enfants qui viennent jouer
Il y a de la joie dans l'air
Mais je ne peux pas traîner

Un oiseau veut me guider
Il saute de branche en branche
De peur que je ne m'égare

Je dois me dépêcher
Je n'ai pas une seconde à perdre
Je suis en route pour mon grand rendez-vous

Enfin j'atteins le sommet
De là je peux contempler
Cette magnifique grande dame

Elle est là
Sereine et majestueuse
Que la neige a enveloppée d'une blanche fourrure

Là elle se tient
Avec ses innombrables diamants
Que le soleil a répandus sur le lac à ses pieds

C'est elle, mon rendez-vous

Elle ne porte pas de sac Vuitton
Ni ne roule en Ferrari

Mais elle a de quoi
Me rendre plus que riche
Maintes vies durant

Jona, Suisse, le 26 avril 2015

中轉站
Lounge
Salon

中轉站

星期五晚上
工作終於結束
明天就能搭機回家

外面黑暗中
矗立著玻璃鋼筋巨人
在熠熠發光

它們帶來的壓迫感
令人喘不過氣來
我只好躲進
酒店樓頂貴賓室

在這上面
幾個寂寞客人
試著跟服務員搭訕
但很快放棄

在那下面
車燈形成河流
不斷相互交叉
無人停下來

來去匆匆
人們擦肩而過
我們都是旅客

而世界只是個
巨型的中轉站

2015 年 7 月 3 日，中國，上海

Lounge

It is Friday evening
Work is done
Flight home is tomorrow

Outside in the dark
Giants of glass and steel
Are shining and flashing

They are too intimidating
I take refuge
In the hotel lounge

Up here
Are a few lonely people
They try their luck with the waitress
But soon give up

Down there
Rivers of floodlights
Endlessly crisscross
And nobody stops

For a moment
We all cross paths
We are all travelers

The whole world is just a big
Transit lounge

Shanghai, China, 3 July 2015

Salon

Il est vendredi soir
J'ai fini mon travail
Demain je prends l'avion
Pour rentrer

Dehors dans l'obscurité
Ces géants de verre et d'acier
Brillent de tous leurs feux

Ils me font peur
Je rentre et trouve refuge
Dans le salon de l'hôtel

Ici, en haut
Quelques voyageurs esseulés
Essaient de faire la causette avec la serveuse
Mais ils abandonnent bien vite

Là, en bas
Des rivières de phares
S'enchevêtrent à l'infini
Et personne ne s'arrête

Pour un instant
Nous nous croisons tous
Nous sommes tous des voyageurs

Le monde entier n'est qu'un vaste
Salon de transit

Shanghai, Chine, le 3 juillet 2015

紙盒
The Box
La boîte

紙盒

這是個毫不起眼的紙盒
常年被遺忘在儲藏室裡
爸媽在搬家時
才找到它

紙盒被當作寶貝般密封著
上面稚幼筆跡寫著我名字
還有一條警告

"沒有特批，不准打開"

正當我小心拆開它時
瞬間我被帶回到
當初準備盒子的時光

盒內裝滿了各式各樣小破爛
乾涸的原子筆，剩下半截的鉛筆，笨拙的素描
以及一些老舊的玩具小汽車

當時我把它們保存起來
並不知道有一天
它們將被賦予另一新生命

這些曾經是我最寶貴的財富
當時我快樂的
像擁有了全世界

它們現在成為我的百寶箱
當我情緒低落時
可以打開這個時間膠囊
將它的魔力釋放出來

我就會再度快樂的
像擁有了全世界

2015 年 8 月 9 日，瑞士，優納

The Box

It is just a very ordinary carton box
Long forgotten in the cellar
That Mom and Dad have found
As they were moving out

It is carefully sealed
It has my name written above a solemn warning
With a childish handwriting

"Do not open without express authorization"

As I slowly unwrap it
I am suddenly taken back in time
To when I was preparing the box

It is full of trinkets
Dried up pens, half used pencils, hesitant sketches
And a few old Matchbox cars

When I put them aside
I did not know that one day
They will have another life

Those were my most cherished possessions
I was happy like a king
And needed nothing more

They have now become my treasure box
Whenever I am down
I can open this time capsule
And let its magic out

So that I can again
Be happy like a king

Jona, Switzerland, 9 August 2015

La boîte

C'est une boîte bien ordinaire
Depuis longtemps oubliée dans la cave
Et retrouvée par hasard
Quand papa et maman ont déménagé

Elle a été scellée comme un coffre-fort
Avec mon nom écrit maladroitement
Au-dessus d'un avertissement solennel

"Ne pas ouvrir sans autorisation expresse"

Quand doucement je la déballe
Je suis soudain transporté dans le temps
Et revenu au moment où je préparais la boîte

Elle est remplie de broutilles
Des stylos séchés, des crayons à moitié usés
Des dessins hésitants
Et quelques vieilles petites voitures

Quand je les avais mises de côté
Je ne savais pas qu'un jour
Elles allaient avoir une autre vie

C'était tout ce que j'avais de plus précieux
Je n'avais besoin de rien d'autre
J'étais heureux comme un roi

C'est devenu maintenant ma boîte à trésors
Les jours où j'ai le moral à zéro
Je peux ouvrir cette capsule magique
Pour voyager dans le temps

Et pour être de nouveau
Heureux comme un roi

Jona, Suisse, le 9 août 2015

寫給妹妹
To my Sister
A ma petite sœur

寫給妹妹

自從接到妳要來的電話
我就迫不及待
數著日子
等著妳的到來

我把時間都空出來
幫妳準備好房間
做了妳喜歡吃的
也找好要帶妳去玩的地方

我一切都安排好了
我們可以充分利用
在一起的每一分和每一秒

自從離開父母後
雖然我只比妳大一點
但是妳就成了我的小娃娃
我用所有的愛來照顧妳

雖然我們時常聯絡
但仍有說不完的話
雖然我能在 Skype 的視頻上看到妳
但仍那麼需要擁抱妳

就像往常一樣
妳來去像一陣風
而我們已經在
送妳去車站的路上了

我們仍有沒說完的話
還有好多塞不進妳行李的食物
但是妳要走了
要回到妳的生活去了

火車緩緩將妳帶走
無論我如何想留住妳
妳要走了
繼續走妳的人生道路

再會吧，親愛的妹妹
去尋找妳的幸福

再會吧，親愛的妹妹

我迫不及待
數著日子
等著妳下一次的到來

2016 年 2 月 12 日，瑞士，優納

To my Sister

I can't wait
I have been counting the days
Ever since you called
And said you will come and visit

I have cleared my time
Prepared your room
Cooked the food you like
And found where to take you

I have planned every moment
So that when we are together
Each one of them
Can be fully cherished

Since we left our parents
Although I am just a little older
I have taken over to look after you
And you have always been my little one

Although we talk often
We still have so much to catch up about
Although I see you on Skype
I still need so much to hug you

As usual
You came and went in a whirlwind
And now we are already in the car
To take you back to the train station

There is still so much to talk about
There is too much food for your bag
But you have to go
To go back to your life

The carriage is slowly moving you away
And no matter how hard I try to hold you
You have to go
You have to follow your tracks

So long, dear Sister
Go and find your happiness

So long, dear Sister

I can't wait
I am counting the days

Jona, Switzerland, 12 February 2016

A ma petite sœur

J'ai vraiment hâte
Je compte les jours
Depuis que tu as appelé
Et m'as dit que tu allais venir me voir

J'ai dégagé tout mon temps
J'ai préparé ta chambre
Les plats que tu aimes
Et trouvé les endroits où t'emmener

J'ai tout prévu
Pour que nous puissions ensemble
Profiter pleinement
De tous les instants

Depuis que nous avions quitté nos parents
Bien que tout juste ton aînée
J'ai pris sur moi de veiller sur toi
Et tu as toujours été ma petite

Bien que nous parlions souvent
Nous avons encore tant à nous raconter
Bien que je te voie sur Skype
J'ai encore si besoin de t'embrasser

Comme toujours
Tu es venue en un coup de vent
Et nous sommes déjà dans la voiture
Pour t'emmener à la gare

Même si on a encore tant à se dire
Même si je t'ai fait trop à manger
Tu dois partir
Tu dois repartir vers ta propre vie

Le wagon t'emporte lentement
J'essaie de te retenir de toutes mes forces
Tu dois partir
Tu dois suivre ta voie

Bon vent, ma petite sœur
Va trouver ton bonheur

Bon vent, ma petite sœur

J'ai vraiment hâte
Je compte les jours

Jona, Suisse, le 12 février 2016

回家
Going home
Rentrer

回家

離家多年後
要回去的日子
終於到了

我迫不及待等著飛機降落
已經知道要去的地方
也寫好想吃的美食清單

我踏上了這塊土地
迎面撲來溫暖
海藻和香燭味道

我重遊舊地
回憶童年時光
心中摻雜著酸楚和快樂

看似依然熟悉的人們
但與他們交談時
即便是我的母語
竟聽不懂他們在說什麼

街道名字沒變
昔日稀稀落落的道路
卻變得如此擁擠

學校仍在老地方
但為何當初雄偉高大的建築
如今如此矮小？

店鋪仍出售著相同點心
但為何當年稀罕美味的食物
如今如此乏味？

凌晨時分
我獨自一人
前往木橋上散步

當我在河面上
看到我和這個城市倒影時
突然意識到
城市和我都已成長和改變

我們早已成為
陌生人了

2015 年 12 月 20 日，臺灣，臺北

Going home

After all those years
Finally the day has come
I am going back home

I cannot wait for the plane to land
I already know where I want to go
I have a list of food I want to eat

I step on this soil
I take in this warm scent
A blend of seagrass and incense

I see the places
I relive childhood memories
A mix of sorrow and joy

The people look familiar
But when they speak
Even if it is my mother tongue
I do not get what they say

The streets still have the same names
But the avenues
Once empty and few
Are now so many and full

My school is still where it was
But why do those buildings
Once so large and so tall
Now seem so small?

The shops still sell the same treats
But why do my favorites
Once so rare and so sweet
Now taste so dull?

Moments 瞬間

I go for a walk
On the wooden bridge
In the early morning
To be all by myself

Then when I see
On the river
The reflections of the city and myself
I realize how much
Both of us have grown and changed

We have now become
Strangers

Taipei, Taiwan, 20 December 2015

Rentrer

Après toutes ces années
Le jour tant attendu
Pour moi de rentrer
Est enfin arrivé

J'ai hâte d'atterrir
Je sais déjà où je veux aller
J'ai une liste de ce que je veux manger

Je foule enfin ce sol
Et je prends à pleins poumons
Cette douce odeur d'algues et d'encens

Je revois ces endroits
Et revis des souvenirs d'enfance
Un mélange de peines et de joies

Les gens me semblent familiers
Mais quand ils me parlent
Même si c'est ma langue maternelle
Je ne comprends pas ce qu'ils disent

Les rues portent toujours les mêmes noms
Mais ces avenues
Jadis quelques-unes et désertes
Sont maintenant si nombreuses et encombrées

Mon école est bien là
Mais pourquoi ces bâtiments
Hier si imposants
Sont-ils aujourd'hui si petits ?

Les échoppes sont toujours là
Mais pourquoi ces friandises
Hier si savoureuses
Sont-elles aujourd'hui si fades ?

Aux aurores
Tout seul
Je vais me promener
Sur ce pont en bois

Quand je vois
Nos reflets dans l'eau
De cette ville et moi
Je comprends alors
Combien nous avons changé

Et que nous sommes maintenant
Devenus l'un et l'autre
Des étrangers

Taipei, Taiwan, le 20 décembre 2015

一個故事
A story
Une histoire

一個故事

在一個鄉村鎮上
我步入這間小裁縫店

映入眼簾的是滿架子破舊衣服
遍地散落的布料碎片
牆上一台老爺電視機
播放著嘈雜的脫口秀

一位老婦坐在那裡
老花眼鏡半滑落在鼻樑上
脖上掛著一條皮尺
全神貫注手頭針線活

在她的周圍，一群老伯
有的看報，有的聊天
就像在家一樣開心自在
準備在那耗上一整天

******

晚上我回到店裡
取回改好的衣服
發現老婦獨自一人
坐在里間

店裡人去樓空
淒涼安靜
好像派對結束後

我向老婦問起那些老伯

她愣了一下
臉上泛出一片暈紅
眼中閃出一道光彩
然後不好意思草草回答
"哦，老朋友啦"

這道光彩
如此強烈和驕傲
重新喚回了
一個美麗女孩的故事

雖然身邊圍繞著一群男孩
但她選擇了單身自由

無論他們如何苦苦追求
她卻沒將自己交給任何人
這樣大家都能永遠在一起

無論生活如何艱苦
她總是自食其力
不虧欠任何人

無論那些男孩離去多遠
她都耐心等待
因為她家就是他們的避風港

當我再度仔細端詳她
發現在滿臉皺紋
和生活創傷後面
這道光彩
呈現出的是

一位美麗婦人
以及她動人的故事

2016 年 1 月 30 日，瑞士，優納

A story

I was in a small village
And entered this modest sewing workshop

There were worn out clothes on a rack
Bits of fabric everywhere on the floor
A noisy talk show
From a broken TV on the wall

An old lady was sitting there
Glasses half way down her nose
A tape around her neck
Focused on her work at hand

Around her, a group of old men
Reading and chatting
All seemed to be happily at home
And ready to spend the day there

******

I returned in the evening
To collect my work
And found the old lady
In the back
Alone by herself

The shop was empty
Everybody has left
It was so quiet
Like after a party

I enquired about the old men

She paused
Then with a fleeting flush
And a twinkle in her eyes
She hastily said
"Oh, old friends"

This twinkle
So intense, so proud
Was like suddenly telling me
The story of a beautiful girl

A girl courted by those young men
But who chose to remain free

No matter how hard they tried
She never gave herself to anyone of them
So that all of them can always be with her

No matter how harsh life was
She always earned her own living
So that she never owed anyone anything

No matter how far they went
She always waited for them
So that her home was always theirs

I then looked at her again
Indeed behind the wrinkles
Behind the wounds of life
And behind this twinkle

There was a beautiful lady
With such a beautiful story

Jona, Switzerland, 30 January 2016

Une histoire

C'était dans un petit village
J'étais entré dans ce modeste atelier

Il y avait des vêtements usés sur une étagère
Des morceaux de tissus partout sur le sol
Et sur le mur un vieux poste de télé
Passait une émission bien bruyante

Une vieille dame était assise là
Ses lunettes à moitié glissées sur le nez
Un mètre autour du cou
Toute absorbée par son ouvrage

Autour d'elle, des messieurs âgés
Qui lisaient et discutaient
Heureux comme à la maison
Et prêts à y passer la journée

******

Quand je suis retourné le soir
Pour récupérer ma commande
J'ai trouvé la vieille dame
Toute seule dans l'arrière-boutique

L'atelier s'était vidé
Tout le monde était parti
Un grand silence y régnait
Comme si la fête était finie

"Et ces vieux messieurs ?"
Lui ai-je demandé

Un peu gênée
Timidement
Avec une lueur dans ses yeux
Elle m'a répondu à la va-vite
"Ah, de vieux amis"

Mais cette lueur
Si intense, si fière
S'est comme si soudain mise à raconter
L'histoire d'une ravissante jeune fille

Elle a été courtisée par tous ces jeunes hommes
Mais a choisi de rester libre

Ils pouvaient se donner tout le mal du monde
Mais elle ne s'est jamais donnée à quiconque
Pour que tous puissent rester toujours avec elle

La vie ne l'a pas épargnée
Mais elle a toujours gagné toute seule sa vie
Pour qu'elle n'ait jamais rien à devoir à personne

Ils sont partis parfois très loin
Mais elle les a toujours attendus
Pour que sa maison soit toujours la leur

Je la regardais de nouveau
Et derrière ces rides
Derrière ces blessures infligées par la vie
Derrière cette lueur

Je vis alors une belle dame
Avec une si belle histoire

Jona, Suisse, le 30 janvier 2016

沙碉堡
The sand castle
Le château de sable

沙碉堡

一群孩子手裡拿著鏟子，水桶和叉子
嬉笑著來到海邊
細心的尋找最恰當的位置

他們開心的展開工作
有的挖沙
另一個將水桶裝滿
其他的則收集各類小石頭和貝殼

逐漸的，戰壕出現了
碉樓立起了
城牆建成了

在碉堡上方
一面旗幟驕傲迎風飄揚
孩童興奮圍繞碉堡跳著
慶祝這個偉大作品的完成

突然，轟隆一聲
天空被雷電炸開了一個洞
隨之刮來令人顫慄的寒風
整個世界陰暗了下來

孩童一哄而散
碉堡被孤獨的遺留在沙灘上

海浪逐漸推近
冷酷，無情，永無止境的

就像生命奪走我們最愛
它們有如千軍萬馬對著碉堡橫衝直撞
所過之處僅留下一堆泡沫和沙礫

但是明天
當風平浪靜時
孩童們會再來

他們還會繼續不斷
重新建起

那座在我們每人心中的
沙碉堡

2016 年 3 月 6 日，瑞士，優納

The sand castle

A bunch of kids have come
Shovels, buckets and forks in hand
Carefully choosing the best spot

They happily set themselves to work
One starts to dig
Another fills up the buckets
Others collect pebbles and shells

Slowly, trenches appear
Turrets are erected
Walls are fortified

Proudly, at the very top
A flag is hoisted
All dance around
To feast the masterpiece

Suddenly thunderbolts cross the sky
Gusts send people shivers
The world darkens

The kids have to run away
The castle is left on its own

The waves keep closing in
Cold, cruel, relentless

They rampage through the castle
Just as life takes away what we cherish most
Leaving behind only a pile of sand and foam

But tomorrow
When the sky clears
The kids will come

They will set themselves to work
And again and again
They will rebuild you

The sand castle
That is in each one of us

Jona, Switzerland, 6 March 2016

Le château de sable

Un groupe d'enfants est arrivé
Pelles, fourches et sceaux à la main
Pour choisir soigneusement le plus bel endroit

Ils commencent joyeusement à travailler
Un se met à creuser
Un autre remplit les sceaux
D'autres ramassent des galets et coquillages

Lentement, des tranchées apparaissent
Les tourelles sont érigées
Les murs sont fortifiés

Fièrement, au sommet
Un drapeau est hissé
Tous se mettent à danser
Pour fêter l'achèvement du chef d'œuvre

Soudain des éclairs traversent le ciel
Des bourrasques font tous trembler
Le monde bascule dans l'obscurité

Les enfants doivent se sauver
Ils abandonnent le château

Les vagues se rapprochent
Froides, cruelles, sans relâche

Elles ravagent le château
Tout comme la vie qui nous arrache ce que nous avons de plus cher
Pour ne laisser derrière qu'un tas de sable et d'écumes

Mais demain
Quand il va faire beau
Les enfants reviendront

Ils se mettront de nouveau au travail
Puis encore et encore
Ils vont te reconstruire

Le château de sable
Qui est en chacun de nous

Jona, Suisse, le 6 mars 2016

笑容
Our smile
Notre sourire

笑容

我注視著那張合照
我們滿臉笑容
洋溢著幸福和快樂

記得那天
我們結婚了
感覺就像是昨天

我們在一起的每個瞬間
就像一張張幻燈片
呈現在我眼前

當時我們信心滿滿
準備出發
挑戰未知的世界

我們經歷了人生
哭過、笑過
痛苦過、狂歡過
絕望過，也期待過

歲月把我變老
疾病將你侵蝕
我們頭髮白了
我們臉皮皺了

唯一沒變的是
我們的笑容

它像是在告訴我們
無論人生如何艱難
我們都會永遠

幸福和快樂地在一起

2015 年 6 月 30 日，去中國上海的途中

Our smile

I am looking at us
Together and happy
Smiling on this picture

It was the day
We got married
It seems just like yesterday

One by one
Each moment of our journey
Comes back to me

We were so ready
To go for the world
To take up its ups and downs

We went through life
Cried and laughed
Mourned and danced
Despaired and hoped

The years weakened me
Sickness took its toll on you
Our hair greyed
Our faces wrinkled

But our smile never changed
The smile that says
No matter how tough it is
This is the way we want to stay

Just together and happy

En route to Shanghai, China, 30 June 2015

Notre sourire

Je regarde cette photo
Sur laquelle nous sourions
Si heureux d'être ensemble

C'était le jour
De notre mariage
C'est comme si c'était hier

Chaque moment
De notre vie
Me revient, un à un

Nous étions fin prêts
A affronter le monde
Pour ses hauts et pour ses bas

Ensemble nous avons vécu
Pleuré et ri
Fait le deuil et la fête
Perdu puis retrouvé l'espoir

Les années m'ont marqué
La maladie t'a affaiblie
Nos cheveux sont grisonnants
Nos visages ont pris des rides

Mais notre sourire n'a jamais changé
Ce sourire qui dit
Que quoi qu'il arrive
C'est comme ça que nous voulons rester

Juste heureux d'être ensemble

En route vers Shanghai, Chine, le 30 juin 2015

作者簡介
Short biography of the author
Courte biographie de l'auteur

青峰簡介

青峰是一位國際作家及詩人，1962 年出生於臺灣。

由於父親工作的原因，他從小隨著家人先後在衣索比亞，臺灣和法國長大。他畢業于法國頂尖工程師學院之一的 Ecole Centrale de Lyon（法國里昂中央理工學院）。 隨後進入美國康奈爾大學，先後獲得這兩所著名大學的電腦工程碩士學位。自康奈爾大學畢業後，青峰進入一家國際大型跨國石油公司工作，先後擔任該公司法國，加勒比海和亞洲資深經理職務。青峰於 2008 年搬到瑞士居住，目前擔任瑞士一家跨國工業集團的資深管理。

青峰自小即展現出寫作天賦。他的作品無論是在臺灣還是在法國的學校，均多次得到高度讚揚。他初中時創作的一首詩 "La Liberté（自由）"，曾獲得法國巴黎市政府頒發的最佳少年詩篇大獎。高中時，被當時就讀的全法國最著名 Lycée Louis-le-Grand 高級中學選中，代表該校參加全國寫作大賽。

青峰目前以中、英、法、三種語言寫作。在他多元化的背景下，將其心靈深處的情感以最簡單，樸素，卻能打動人心的方式表達出來。

他的夫人是一位畫家。兩人平時喜歡出去旅行，做義工服務社會。

Albert Young's short biography

Albert Young is an international writer and poet, born in Taiwan in 1962. He grew up successively in Ethiopia, Taiwan and then France, where his father took the family on his different postings. After graduating from Ecole Centrale de Lyon, a leading French engineering school, he further completed his studies with a Master's degree in Computer Sciences from the Cornell University in the USA. He started his professional career with a major international oil company and held increasingly senior managerial positions in France, in the Caribbean, and then extensively in Asia. He moved to Switzerland in 2008 where he is currently a senior manager of a major Swiss industrial corporation.

Albert developed his writing skills at an early age. His works were regularly praised at school in Taiwan and in France. He won a special prize from the city of Paris for a piece of poetry he wrote in junior high school ("La Liberté"), and also represented his senior high school, the prestigious Lycée Louis-le-Grand in Paris, in a French national writing contest.

Albert now writes in English, French and Chinese. He draws from his multicultural roots and aims at developing a minimalist, purified, easily accessible and yet impactful style, to convey the deepest inner feelings and emotions.

He is married to a Chinese painter. Together with his wife, they enjoy traveling and engaging in social work.

Courte biographie d'Albert Young

Albert Young est un écrivain et poète international, né à Taiwan en 1962. Il a grandi successivement en Ethiopie, à Taiwan puis en France, où son père a été en poste et a emmené sa famille. Diplômé ingénieur de l'Ecole Centrale de Lyon, il a ensuite poursuivi ses études à l'université Cornell aux Etats Unis où il a obtenu un Master en informatique. Il a commencé sa carrière avec une grande société pétrolière multinationale, et a évolué vers des postes de responsabilités croissantes, en France, dans les Caraïbes, puis longuement en Asie. Il est installé en Suisse depuis 2008 où il est actuellement cadre dirigeant dans une grande société industrielle Suisse.

Albert a révélé ses talents littéraires dès son plus jeune âge. Ses œuvres ont souvent été récompensées dans le cadre de ses études à Taiwan comme en France. Il a obtenu un prix spécial de la ville de Paris pour un poème, « La Liberté », qu'il avait écrit au collège. Il a été sélectionné pour représenter le lycée Louis-le-Grand à Paris pour le Concours Général littéraire.

Albert écrit aujourd'hui en français, anglais et chinois. Il s'inspire de ses origines multiculturelles et cherche à développer un style minimaliste et pur, à la fois facilement accessible et fortement marquant, pour exprimer les sentiments et les émotions les plus profonds.

Il est marié à une artiste peintre chinoise. Avec son épouse, ils voyagent et font du volontariat.

國家圖書館出版品預行編目資料

瞬間：青峰詩選 / 青峰 Albert Young 著.
-- 台一版. --臺北市：文史哲, 民 106.06
頁； 公分（文史哲詩叢；131）
ISBN 978-986-314-372-7（平裝）

851.486   106010605

瞬　間 Moments　文史哲詩叢 131
著　　者：青　　　　　　　峰
出 版 者：文　史　哲　出　版　社
　　　　　http://www.lapen.com.tw
　　　　　e-mail:lapen@ms74.hinet.net
登記證字號：行政院新聞局版臺業字五三三七號
發 行 人：彭　　　正　　　雄
發 行 所：文　史　哲　出　版　社
印 刷 者：文　史　哲　出　版　社
　　　　　臺北市羅斯福路一段七十二巷四號
　　　　　郵政劃撥帳號：一六一八○一七五
　　　　　電話 886-2-23511028・傳眞 886-2-23965656
定　　價：NT 300 元　　Euros 20 元
ＩＳＢＮ 978-986-314-372-7
出版日期：二○一七年(民 106 年)六月台一版

封面圖案：尹燕君
Front cover artwork: Stella Yin
Published by THE LIBERAL ARTS PRESS